AF445696

SENTIMIENTOS

UN LIBRO DE EMOCIONES... MONSTRUOSO

GRETE GARRIDO

ESTE LIBRO MONSTRUOSO PERTENECE A:

Aunque quizás no lo creas,
los monstruos también tenemos
sentimientos, como tú.
A veces, no sabemos bien
qué nos pasa ¿nos ayudas?

¿Cómo crees que se siente?

○ Nervioso

○ Sensible

✸ **¿Qué crees que podría hacer si se siente así?**

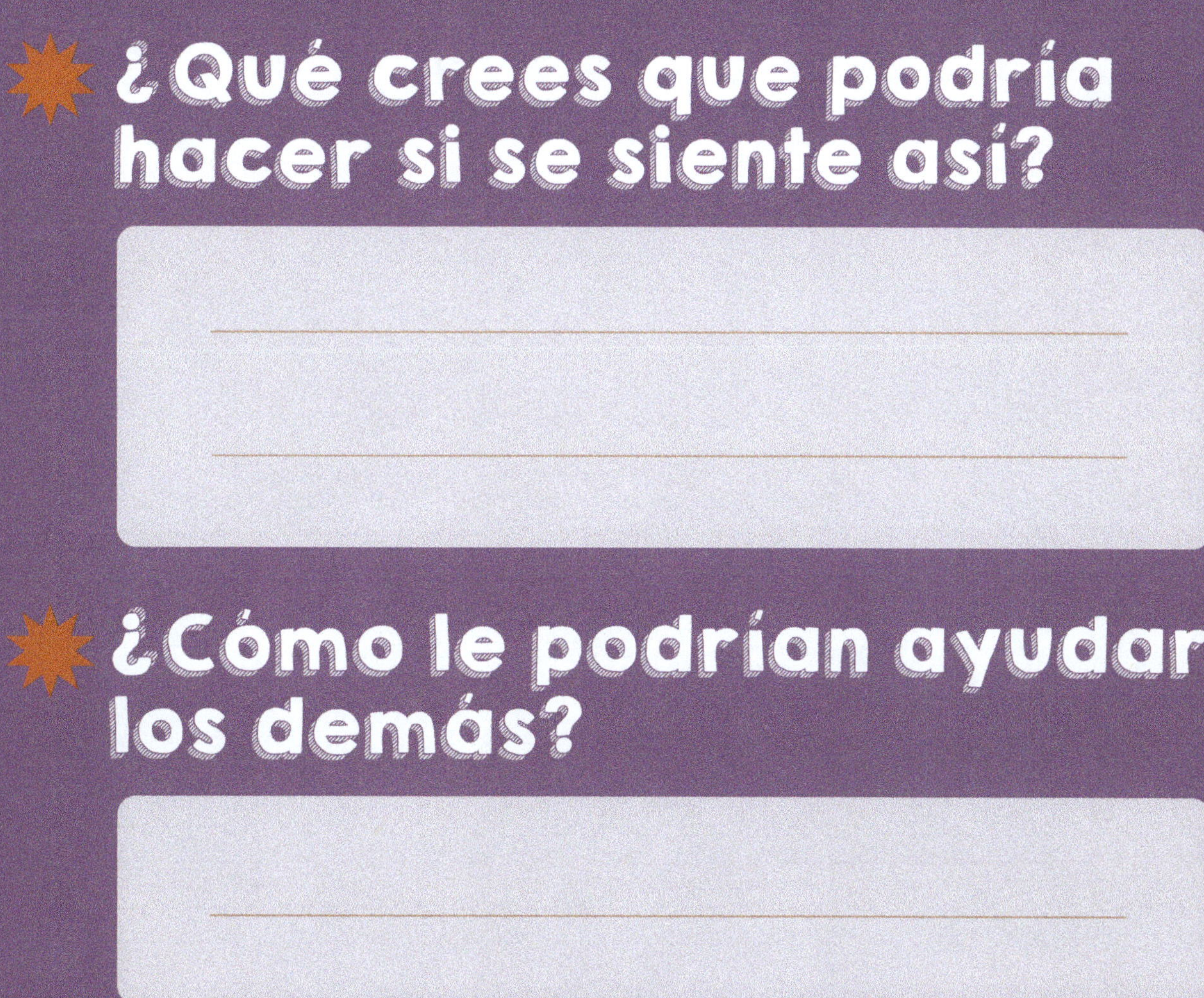

✸ **¿Cómo le podrían ayudar los demás?**

✸ **¿Te sientes tú así a veces? ¿Cuándo?**

¿Cómo crees que se siente?

- ○ Cariñoso
- ○ Triste

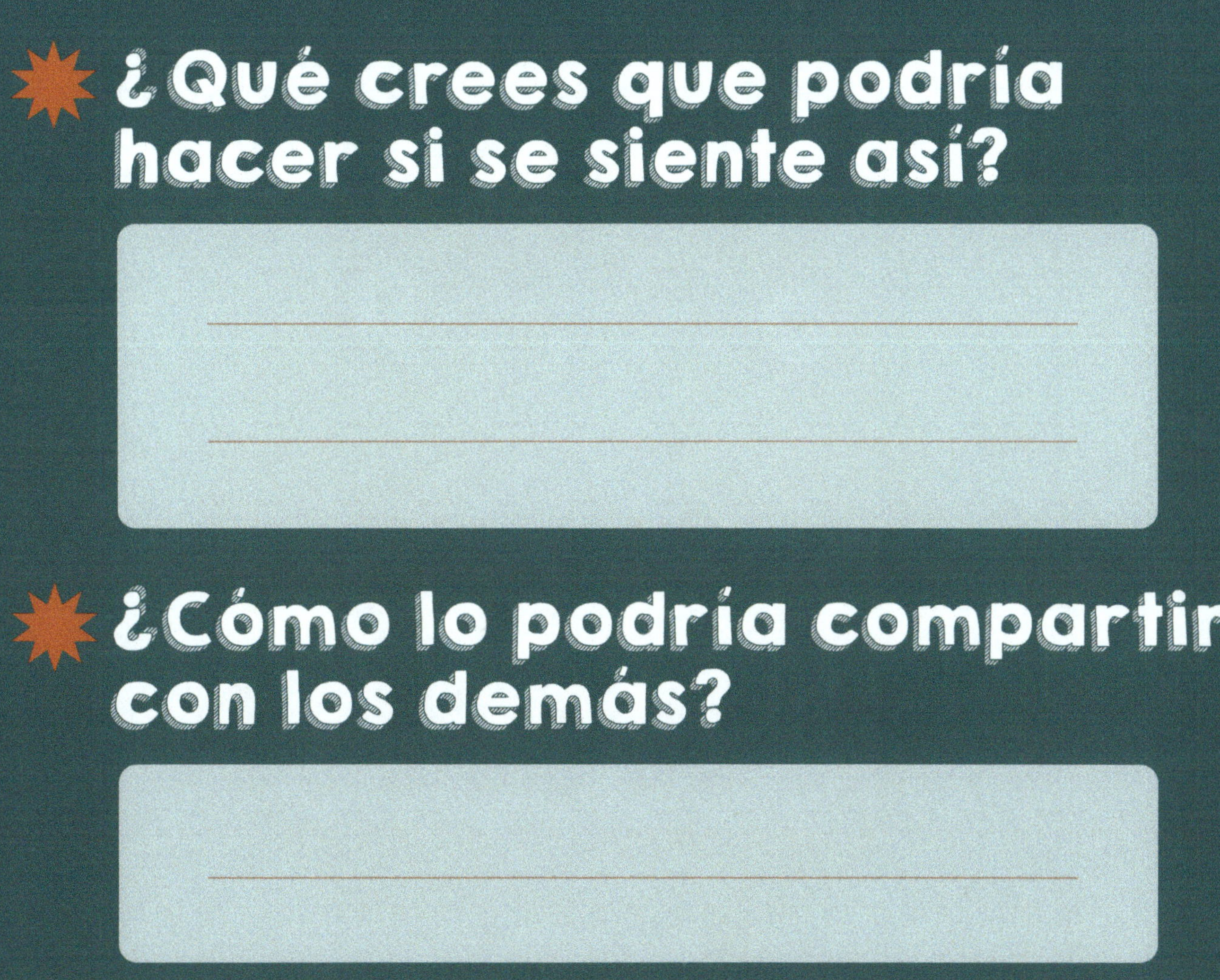

✳ **¿Qué crees que podría hacer si se siente así?**

✳ **¿Cómo lo podría compartir con los demás?**

✳ **¿Te sientes tú así a veces? ¿Cuándo?**

¿Cómo crees que se siente?

○ **Confuso**

○ **Enfadado**

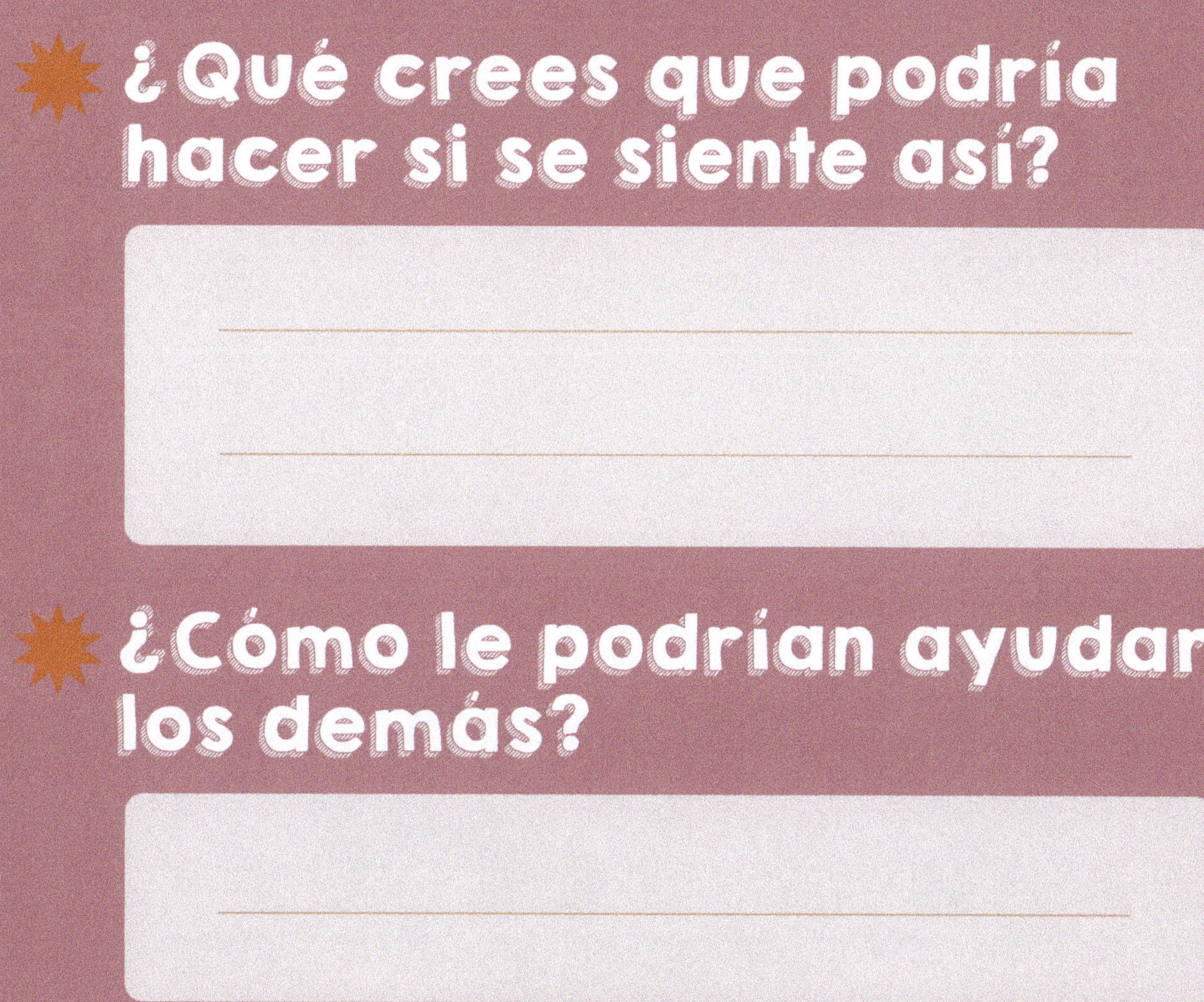

¿Qué crees que podría hacer si se siente así?

¿Cómo le podrían ayudar los demás?

¿Te sientes tú así a veces? ¿Cuándo?

¿Cómo crees que se siente?

- ⬤ Aburrido
- ⬤ Preocupado

✹ **¿Qué crees que podría hacer si se siente así?**

✹ **¿Cómo le podrían ayudar los demás?**

✹ **¿Te sientes tú así a veces? ¿Cuándo?**

¿Cómo crees que se siente?

○ **Tímido**

○ **Bromista**

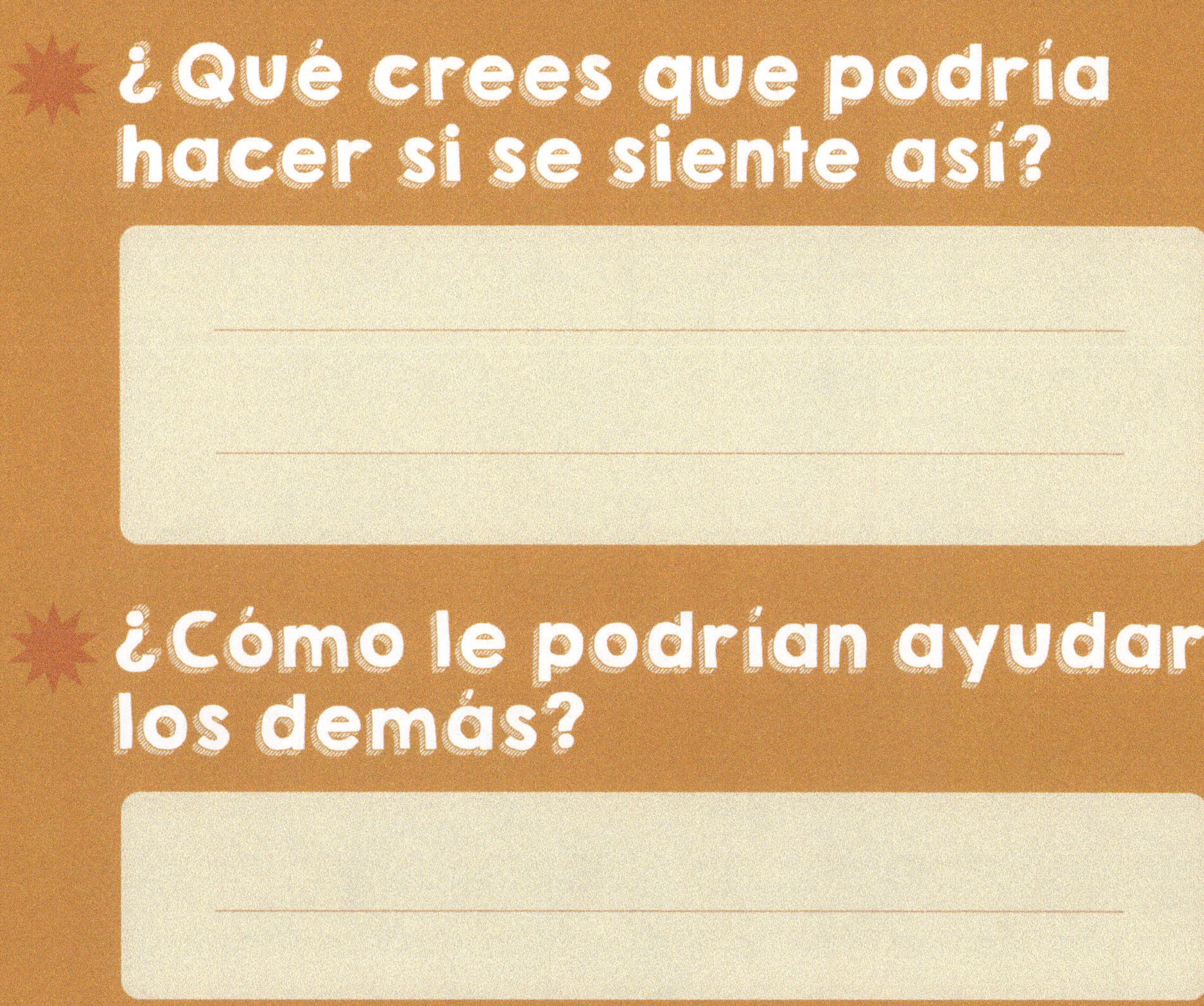

✴ **¿Qué crees que podría hacer si se siente así?**

✴ **¿Cómo le podrían ayudar los demás?**

✴ **¿Te sientes tú así a veces? ¿Cuándo?**

¿Cómo crees que se siente?

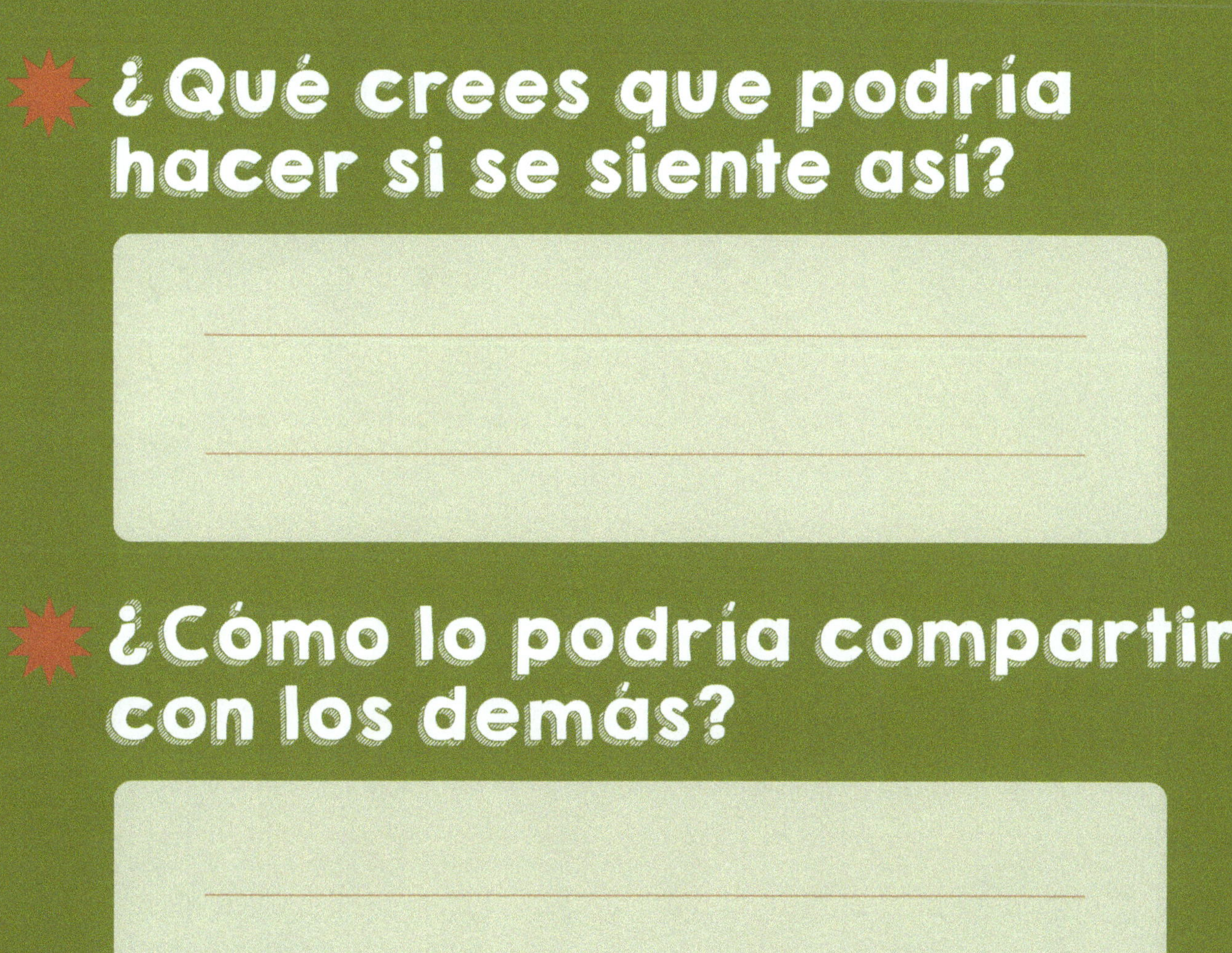

¿Qué crees que podría
hacer si se siente así?

¿Cómo lo podría compartir
con los demás?

¿Te sientes tú así a veces?
¿Cuándo?

¿Cómo crees que se siente?

◯ Aburrido
◯ Cansado

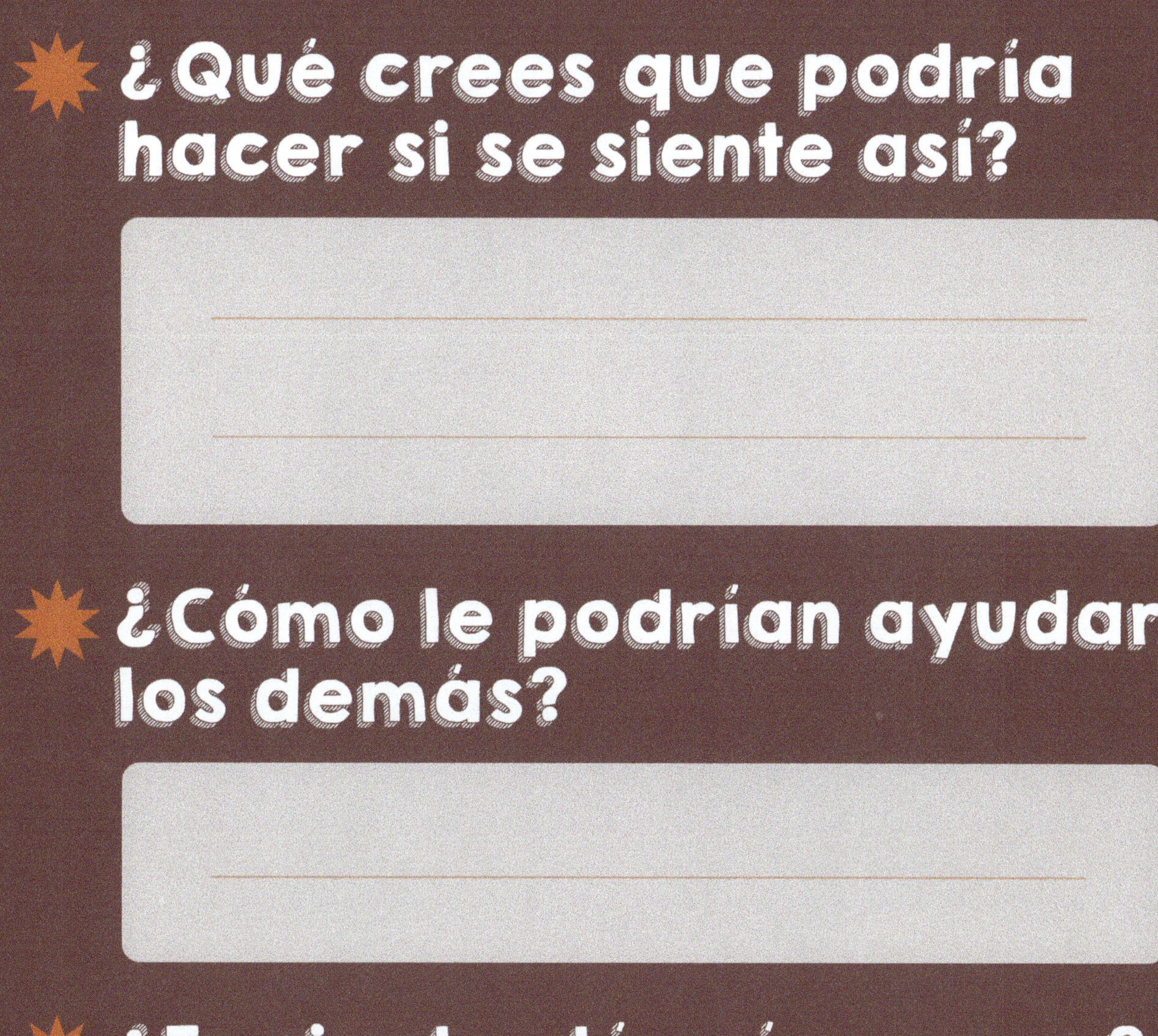
¿Qué crees que podría hacer si se siente así?

¿Cómo le podrían ayudar los demás?

¿Te sientes tú así a veces? ¿Cuándo?

¿Cómo crees que se siente?

- ○ Nervioso
- ○ Incomprendido

✳ **¿Qué crees que podría hacer si se siente así?**

____

____

✳ **¿Cómo le podrían ayudar los demás?**

____

✳ **¿Te sientes tú así a veces? ¿Cuándo?**

¿Cómo crees que se siente?

○ Asustado

○ Confuso

✳ **¿Qué crees que podría hacer si se siente así?**

____

____

✳ **¿Cómo le podrían ayudar los demás?**

____

✳ **¿Te sientes tú así a veces? ¿Cuándo?**

¿Cómo crees que se siente?

- ○ Sorprendido
- ○ Cansado

* ¿Qué crees que podría
hacer si se siente así?

* ¿Cómo le podrían ayudar
los demás?

* ¿Te sientes tú así a veces?
¿Cuándo?

¿Cómo crees que se siente?

○ **Triste**

○ **Enfadado**

¿Qué crees que podría hacer si se siente así?

¿Cómo le podrían ayudar los demás?

¿Te sientes tú así a veces? ¿Cuándo?

¿Cómo crees que se siente?

O Nervioso

O Arrepentido

¿Qué crees que podría hacer si se siente así?

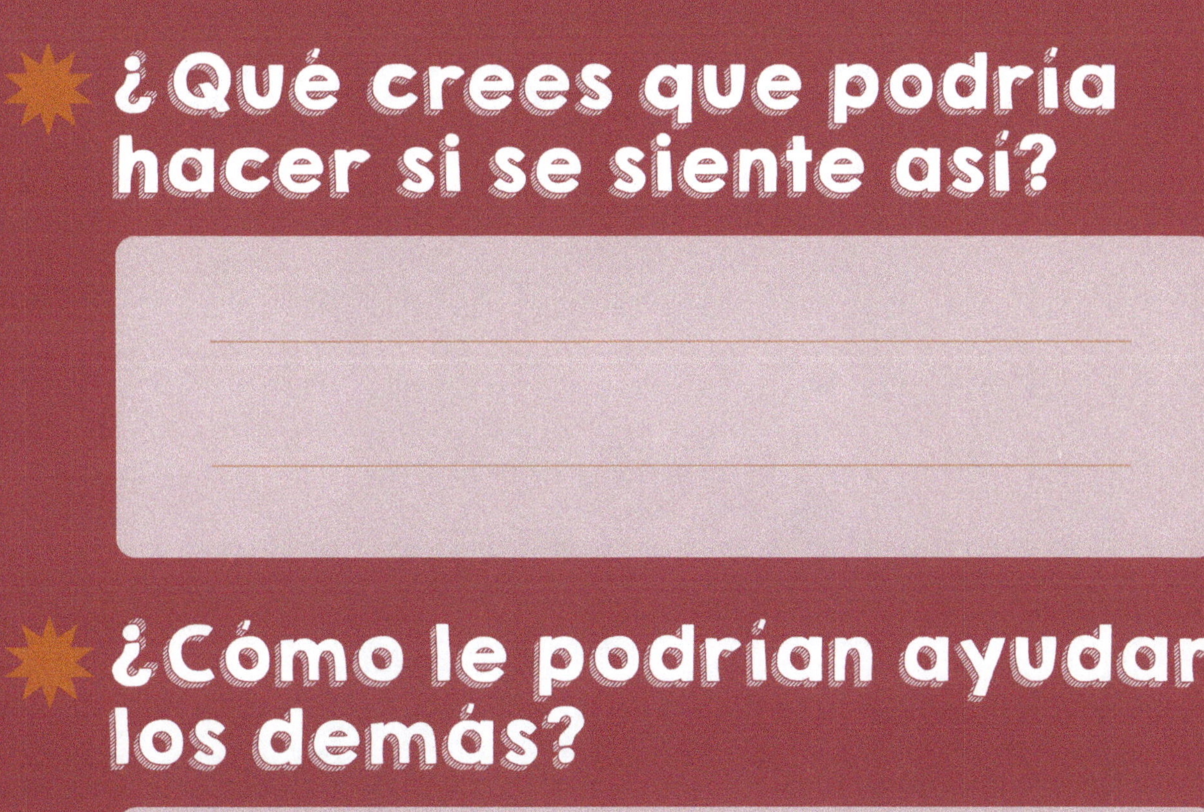

¿Cómo le podrían ayudar los demás?

¿Te sientes tú así a veces? ¿Cuándo?

¿Cómo crees que se siente?

○ Avergonzado

○ Celoso

✳ **¿Qué crees que podría hacer si se siente así?**

✳ **¿Cómo le podrían ayudar los demás?**

✳ **¿Te sientes tú así a veces? ¿Cuándo?**

¿Cómo crees que se siente?

☀ **¿Qué crees que podría hacer si se siente así?**

☀ **¿Cómo le podrían ayudar los demás?**

☀ **¿Te sientes tú así a veces? ¿Cuándo?**

¿Cómo crees que se siente?

GRRRRRRRRRRRRR

Ilusionado
Enfadado

✷ **¿Qué crees que podría hacer si se siente así?**

____

____

✷ **¿Cómo le podrían ayudar los demás?**

____

✷ **¿Te sientes tú así a veces? ¿Cuándo?**

¿Cómo crees que se siente?

- ○ Bromista
- ○ Cansado

✷ **¿Qué crees que podría hacer si se siente así?**

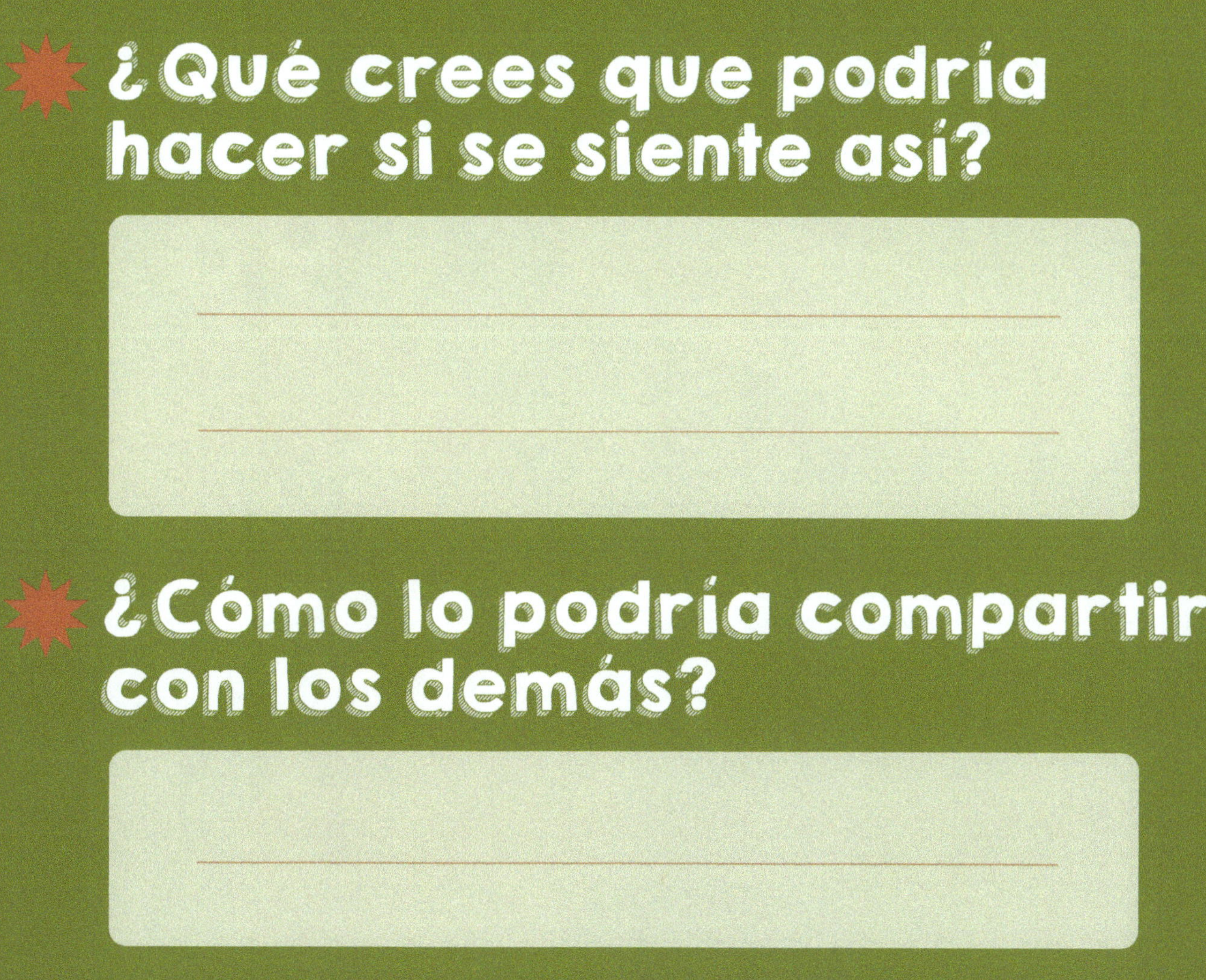

✷ **¿Cómo lo podría compartir con los demás?**

✷ **¿Te sientes tú así a veces? ¿Cuándo?**

gracias, colega